W0385239

Über dieses Buch

Wie kaum einem anderen Zeichner gelingt es Chlodwig Poth, auch in seinen Texten Treffsicherheit und Witz zu kombinieren. Diese Familie, Abteilungsleiter und Hausfrau, Tochter und Sohn, ist so alltäglich wie die Ereignisse in diesem Buch. Doch werden diese Geschichten nicht langatmig erzählt, sondern in wenigen pointierten Bildern und Sprechblasen. Für diese Eltern sind die jahrtausendealten Erziehungsmaximen fragwürdig geworden, das Buch wird zum Plädoyer für mehr Toleranz und Verständnis, weniger Zwang und Aggressionen; mit diesen satirisch-pädagogischen Strips für Eltern und Kinder bringt Poth mit seinem unverwechselbaren Stil unsere vertrackten Widersprüche auf die schlagende, humorvolle und lehrreiche Pointe.

Der Autor

Chlodwig Poth, 1930 in Wuppertal geboren, ist einer der bekanntesten Karikaturisten und Satiriker unserer Republik.
Zahlreiche Buchveröffentlichungen. Zuletzt: ›Mein progressiver Alltag‹ (1975), ›Elternalltag‹ (1977) und ›Taktik des Ehekriegs‹ (1978). Im Fischer Taschenbuch Verlag erschien sein Roman ›Kontaktperson‹ (Band 1980). Ständiger Mitarbeiter bei der satirischen Zeitschrift ›Pardon‹, beim ›Vorwärts‹, der ›Zeit‹ und zahlreichen weiteren Zeitungen und Zeitschriften. Poth gehört zu den wenigen deutschen Zeichnern, die auch im Ausland große Resonanz gefunden haben.

Chlodwig Poth

Elternalltag

Fischer
Taschenbuch
Verlag

Fischer Taschenbuch Verlag
1.–25. Tausend: Juni 1979
26.–35. Tausend: September 1979
36.–55. Tausend: Mai 1980

Umschlagentwurf: Jan Buchholz/Reni Hinsch

Fischer Taschenbuch Verlag GmbH, Frankfurt am Main
Lizenzausgabe mit freundlicher Genehmigung des
Wolfgang Krüger Verlages GmbH, Frankfurt am Main
© 1977 Wolfgang Krüger Verlag GmbH, Frankfurt am Main
Gesamtherstellung: Clausen & Bosse, Leck
Printed in Germany
580-ISBN-3-596-22441-1

Vorwort

Was hätte vor, sagen wir einhundert Jahren in einem Buch mit dem Titel »Elternalltag« gestanden?
Berichte über Erziehungsmaßnahmen vermutlich, und Erziehungsmaßnahmen bedeuteten damals vor allem Bestrafung, »zur Raison bringen«, bedeuteten »die Hammelbeine langziehen«, unter dem Motto: »früh krümmt sich...«, womit natürlich gemeint war: früh wird gekrümmt. Was man durchaus auch wörtlich nehmen kann, im Sinne von: »übers Knie legen«. Der Part der Kinder, der zu Erziehenden also, beschränkte sich in diesem Spiel bestenfalls darauf, mit allen möglichen mehr oder weniger miesen Tricks und hinterhältigen Schlichen die Erziehungsbemühungen zu unterlaufen, was jedoch stets kläglich an der Überlegenheit der Eltern scheiterte.
Das war Elternalltag vor hundert Jahren, vor tausend Jahren, vor fünftausend Jahren und vor dreißig Jahren. Das war der Alltag unserer Eltern und somit der Kinderalltag derjenigen, die jetzt Eltern sind.
Unser Elternalltag ist es nicht mehr. Hatten wir uns doch vorgenommen, unsere Kinder nie als Halb-, Viertel- oder Achtelmenschen anzusehen, sondern vom ersten Augenblick an als völlig gleichwertige Mitmenschen, die sich nur dadurch von uns unterscheiden, daß sie noch sehr viel darüber lernen müssen, was wir schon wissen.
Wir haben der erzieherischen Brachialgewalt abgeschworen, wir wollen das Häkchen nicht mehr krümmen, wir finden schon das Wort »erziehen« schlimm, weil es so gewaltsam klingt. Ich stehe nicht an zu behaupten: das hat es – zumindest in unserem Kulturkreis – noch nie gegeben, das ist eine Pioniertat.
Der Stolz, den wir darob auf uns selbst empfinden, ist allerdings teuer erkauft. Mit anderen Worten: auch diese Euphorie hat ihren Preis.
Wo früher ein Wort genügte, manchmal eine Geste, ein Augenbrauenheben nur, müssen wir lange daherreden, begründen, erklären. Das Tabu, das Eltern früher schützte,

haben wir aufgehoben, das Wort »Respektsperson« abgeschafft. Wir haben uns freiwillig in die Schußlinie begeben, indem wir uns zur Kritik freigaben, und prompt bekommen wir natürlich unseren Senf, knallhart wird uns jede Schwäche unter die Nase gerieben.

Dabei haben wir ständig mit unseren Erinnerungen zu kämpfen, wissen wir doch aus Kindheitserfahrung, wie nervenschonend es ist, einfach aus dem Bauch heraus zu reagieren, wenn man keine großen Menschheitsverbesserungsrosinen im Kopf hat. So aber kommen uns Kopf und Bauch oft genug in Konflikt, und siegt dann der Bauch, schmieren unsere Kinder uns das auch noch grinsend aufs Brot. Ja, unsere Kinder! Sie gehören der ersten Generation an, die voll und ganz in der Überflußgesellschaft aufgewachsen ist; vom ersten Tag ihres Lebens an hatten sie allen Superkomfort um sich, an den wir uns erst viel später im Leben nach und nach gewöhnt haben. Unsere Kinder haben mit 15 in den Medien schon fast alles erlebt, was es auf dieser Welt zu erleben gibt, und auch real schon mehr Sensationen genossen, als wir mit dreißig.

Sie sind so schnell nicht zu verblüffen, blicken voll durch, sind ganz schön abgebrüht, oft gelangweilt. Ja, sagen wir es doch ruhig: sie sind himmelschreiend verwöhnt, um mit dieser letzten Formulierung einmal mehr unseren Bauch zu Wort kommen zu lassen.

Ist es ein Wunder, daß uns manchmal das Gefühl beschleicht, unsere Pioniertat sei ganz entsetzlich in die Hose gegangen?

Das sind die Gegebenheiten unseres Elternalltags und die Themen der folgenden Geschichten. Vielleicht sind sie dem einen oder anderen Elternpaar ein Trost, wenn es aus ihnen abliest, daß es auch anderen so geht. Und vielleicht können sie dem einen oder anderen Heranwüchsling das eine oder andere verständlicher machen. Sollte mich jedenfalls freuen.

DARF ICH MICH VORSTELLEN: MARTHA BRÖSELMANN, 44, 169cm, GEWICHT GEHEIM, WEIL ENTSCHIEDEN ZU HOCH – IN DEN NÄCHSTEN WOCHEN MÜSSEN MINDESTENS 10 PFUND RUNTER, ABER DAS NUR NEBENBEI – 19 JAHRE VERHEIRATET, HAUSFRAU, WÜRDE GERNE WIEDER ARBEITEN, JETZT WO DIE KINDER AUS DEM SCHNEIDER SIND, ABER WAS?

ICH BIN DER DAZUGEHÖRIGE GATTE, EBERHARDT MIT DEE TEE. SPEDITIONSKAUFMANN, JETZT SEIT 12 JAHREN ÜBERSEE-ABTEILUNGSLEITER BEI HAMBACHER GMBH & CO.KG. ALTER: 45, KAUM ÜBERGEWICHT, ABER DAFÜR WIRD MEINE STIRN IMMER HÖHER UND GEHT SCHON UM DEN HALBEN KOPF RUM. DANN QUALME ICH ZU VIEL.

ICH BIN DIE ERSTGEBURT VON DEN BEIDEN DA: MONIKA, 17. FACHOBERSCHULE FÜR SOZIALPÄDAGOGIK. VIEL BOCK HAB' ICH NICHT DRAUF. NAJA, VIELLEICHT KOMMT'S NOCH. AUF MUSIK STEH' ICH: NICHT NUR POP, AUCH FOLK UND JAZZ UND TSCHAIKOWSKY ZUM BEISPIEL

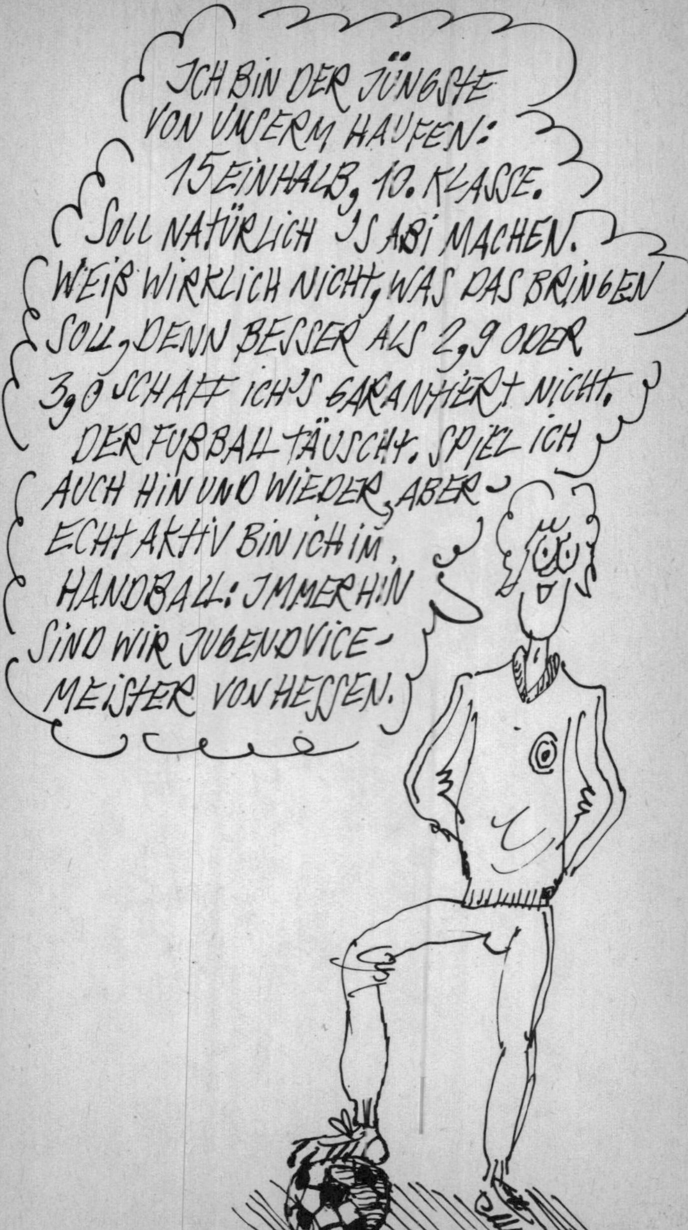
ICH BIN DER JÜNGSTE VON UNSERM HAUFEN: 15 EINHALB, 10. KLASSE. SOLL NATÜRLICH 'S ABI MACHEN. WEIß WIRKLICH NICHT, WAS DAS BRINGEN SOLL, DENN BESSER ALS 2,9 ODER 3,0 SCHAFF ICH'S GARANTIERT NICHT. DER FUßBALL TÄUSCHT. SPIEL ICH AUCH HIN UND WIEDER, ABER ECHT AKTIV BIN ICH IM HANDBALL: IMMERHIN SIND WIR JUGENDVICE-MEISTER VON HESSEN.

ALLE VIELLEICHT ZUFÄLLIG VORKOMMENDEN ÄHNLICH-KEITEN...
...MIT ZWEI- ODER MEHR-FAMILIEN UNGEFÄHR GLEICHEN ALTERS...
...SIND NATÜRLICH VOLL UND GANZ...
...BEAB-SICHTIGT UND ERWÜNSCHT

Was machst Du eigentlich die ganze Zeit?

(2)
UND DANACH HABE ICH MICH AUCH NOCH GESEHNT. ICH WOLLTE DOCH IMMER HAUSFRAU UND MUTTER SEIN UND WAR HEILFROH, ALS DAS ERSTE KIND KAM, NICHT MEHR ARBEITEN ZU MÜSSEN.

3
IST ES DENN AUCH EIN WUNDER ?? MICH HABEN SIE DOCH NOCH VOLL UND GANZ AUF HAUSMÜTTERCHEN PROGRAMMIERT VON KINDESBEINEN AN. DA GAB'S DOCH KEIN ENTWEICHEN.
SONDER ANGEBOT
1.15

4
EMANZIPATION? DAß ICH NICHT LACHE! KOMMT FÜR MICH ALLES ZU SPÄT. ICH HAB' MEINE BESTEN JAHRE ALS UNTERBEZAHLTES DIENSTMÄDCHEN ZUGEBRACHT. UND JETZT NOCH? BERUF? WELCHER DENN? UND IN MEINEM ALTER?

5
MAN KÖNNTE RICHTIG NEIDISCH WERDEN AUF SEINE EIGENE TOCHTER. DER MONIKA WIRD DAS NIE PASSIEREN. DIE HAT JETZT SCHON EIN GANZ ANDERES SELBSTVERSTÄNDNIS ALS FRAU.

6
HÄLLO. WAS? ESSEN NOCH NICHT FERTIG? SCHEIßE. HAB SO'N HUNGER. MACHSTEN DU EIGENTLICH DIE GANZE ZEIT?

7
WAS ICH DIE GANZE ZEIT MACHE? EUCH DEN DRECK WEGRÄUMEN! GUCK DIR MAL DEIN ZIMMER AN! EIN SAUSTALL!
NICHT MAL'N WITZ MACHEN KANN MAN HIER. SAG DOCH GLEICH, DAß DU WIEDER STINKLAUNE HAST.

8
DAS GEHÖRT SICH JA AUCH NICHT, DAß EIN DIENSTMÄDCHEN SCHLECHTE LAUNE HAT.

Rumtrampeln???

2
DAS WIRD JHNEN NIX NUTZEN. JETZT BRAUCHT ER EINEN SÜNDENBOCK, UND DAFÜR KOMMT NUR EINER IN FRAGE
KLAR, UND DAS BIN ICH, WEIL ICH DIE VERHANDLUNGEN GEFÜHRT HABE, ZWAR IN SEINEM AUFTRAG, ABER ...
RIIIING

3
UND SCHON GEHT DER TANZ LOS – GOTT, BIN ICH FROH, DASS ICH DA NICHT DRINHÄNGE.
JAWOHL HERR HAMBACHER, KOMME SOFORT.

4
ENTWEDER ICH SCHLUCKE JETZT ALLES, ODER ES GIBT DEN GANZ GROßEN KRACH UND ICH SCHMEIß IHM DEN KRAM VOR DIE FÜßE, BEVOR ER MICH FEUERT. DAZWISCHEN GIBT ES NICHTS, WIE DER HAMBACHER GEBAUT IST.
PERSONAL BÜRO

5
EINEN EINEINHALB-MILLIONEN-AUFTRAG HABEN SIE MIR VERPATZT, HERR! WEIL SIE ABSOLUT UNFÄHIG SIND, FLEXIBEL ZU VERHANDELN, WEIL SIE...
GANZ STILLE BLEIBEN, GANZ STILLE! SCHREI DU NUR, DU ARSCH, IM HEMDE SIEHST DU AUCH NUR KOMISCH AUS

6
DAß MAN DAS SCHLUCKEN MUß! DAß MAN NICHT SAGEN KANN: NUN ABER MAL'N PUNKT, HERR HAMBACHER, SIE WISSEN DOCH GANZ GENAU, DAß SIE EIN VERDAMMTER, ELENDER LÜGNER SIND! DAß MAN DAS NICHT SAGEN KANN!!
PERSONAL BÜRO

7
ABER SCHLUCKEN MUßT' ICH'S, NATÜRLICH, WAS DENN SONST? IN MEINEM ALTER FINDE ICH WOANDERS KEINEN VERGLEICHBAREN JOB. DAS WÄRE EIN ABSTIEG, SO ODER SO. VOR ALLEM FINANZIELL. BEI DEN VERPFLICHTUNGEN, DIE ICH AUF'M HALS HAB.

8
OHH WENN ICH ALLEIN WÄRE, WENIGSTENS KEINE KINDER ... MANN! DANN WÜRDE ICH JETZT IN DEN SACK HAUEN, DAß ES NUR SO RAUSCHT. DAS WÄRE ICH MEINER SELBSTACHTUNG ABER MAL SCHULDIG!
F-RC 972

9
ABER SO MUß ICH HALT ALLES EINSTECKEN.

10
ÜBRIGENS ICH BRAUCH' NEUE KERZEN FÜR MEIN MOFA. MUßTE MIR WAS ZUSCHIEßEN. DAS IST BEI 50 MARK TASCHENGELD NICHT DRIN.
KANN MAN NICHT WENIGSTENS MAL IN RUHE ESSEN?

NEE, KANNSTE NICHT. DAS MUSS MAL GESAGT WERDEN: WAS DU UNS DA ALS SOGENANNTES TASCHENGELD SPENDIERST IST EIN LÄCHERLICHER KLAKS UND SONST NICHTS.
11

12
JCH LAß AUF MIR NICHT LÄNGER RUMTRAMPELN, VERSTANN!!

13
RUMTRAMPELN???

Das bringt's doch grade

2
NEIN DAS KAPIERE ICH NIE, DAS WILL ICH AUCH GARNICHT KAPIEREN
OH SCHMERZ LAß NACH

13
UND ICH WILL DIR AUCH SAGEN WARUM, DA BRAUCHST DU GAR NICHT DIE AUGEN ZU VERDREHEN, ALS ICH SO ALT WAR WIE DU...
WAR KRIEG, ICH WEIß.

4
...DA MUßTE ICH SO RUM-LAUFEN

5
UND HÄTTE DOCH FÜR MEIN LEBEN GERN SO AUSGESEHEN

6
SEITDEM KANN ICH EINEM FLICKEN BEIM BESTEN WILLEN NICHTS MEHR ABGEWINNEN UND WENN ER ZEHNMAL MODE IST UND ES GRADEZU IRRSINNIG BRINGT
WEIẞT DU WAS? MACHEN WIR EINEN KOMPROMIẞ

7
DU MECKERST NICHT MEHR WEGEN MEINER HOSE UND ICH HAB' GROßES VERSTÄNDNIS DAFÜR, DAß DIR DAS SCHWER FÄLLT, O.K.?

Warum hab ich's nicht getan?

3
ICH GLAUBE, DAS HÄTTE ICH AUCH GERNE SO GEMACHT. UND WARUM HABE ICH'S NICHT GETAN ?

4
WEIL ICH, ALS ICH SO ALT WAR WIE THOMAS, VON GANZ ETWAS ANDEREM GETRÄUMT HABE, DENN DAMALS SAßEN WIR NOCH IM TIEFSTEN NACHKRIEGSDRECK
Sauber sein, satt sein Ordnung, Ruhe, Wohlstand

5
UND NACH DEM DRECK? DA HATTEN WIR NICHTS ANDERES IM KOPF, ALS SO SCHNELL WIE MÖGLICH VORAN ZU KOMMEN
Es geht aufwärts! Es geht aufwärts!

6
ES ZU ETWAS ZU BRINGEN
UND ALS NÄCHSTES SPARE ICH AUF EINEN KÜHLSCHRANK
UND NACH DEM KÜHLSCHRANK KAM DER FERNSEHER UND
NACH DEM FERNSEHER...

7
...NACH DEM FERNSEHER KAM DAS ERSTE AUTO UND DANACH HABEN WIR GEHEIRATET UND DANN KAM DIE ERSTE RICHTIGE URLAUBSREISE UND DANN KAM DIE WASCHMASCHINE UND DANN KAM MONIKA.
BUMS!
DAMIT WAR'S EIN FÜR ALLE MAL AUS MIT DEM ABENTEUER.

8
WIESO EIGENTLICH EIN FÜR ALLE MAL?
WENN DU ZURÜCK BIST, KANN ICH DANN DEN VW-BUS HABEN?
KLAR, WENN DIE KARRE DANN NOCH FÄHRT.

Kann man als Vater immer in Hochform sein?

HIER, DU MÖCHTEST DAS BITTE UNTER-SCHREIBEN.

2
GEHT AUCH VORÜBER.
WAAAS?! SCHON WIEDER EINE 5!?
ICH HAB NATÜRLICH SOFORT GEAHNT, WAS LOS IST, UND RICHTIG...

3
ICH BIN DER LETZTE, DER NICHT FÜR EINE 5 VERSTÄNDNIS HÄTTE. MANN, ICH WAR AUCH KEINE LEUCHTE.
4
MIR HAT ZEITWEILIG DIE SCHULE UNGEHEUER GESTUNKEN, UND DA BIN ICH GANZ SCHÖN ABGESACKT. DAS HAB ICH DOCH NICHT VERGESSEN.

5
UND NOCH EIN PUNKT: WAS HABE ICH FRÜHER DIESE STREBER GE-HASST. WENN MEIN SOHN JETZT DAUERND EINSEN BRÄCHTE, ICH WEISS WIRKLICH NICHT, OB MIR DAS GEFIELE.

6
NA WAS DENN 'NE 5, GESCHENKT, WAS DENKSTE, WIE OFT ICH FÜNFEN GEHABT HAB'
ABER TROTZDEM, ICH KONNTE DOCH JETZT NICHT DIESEN HIER MACHEN

7

ALSO NUN ERZÄHL MAL, WAS IST LOS? DAS IST NUN SCHON DIE ZWOTE 5. MUß DOCH NICHT SEIN. WAS IST DER GRUND, WARUM BIST DU ABGESACKT, WAS ISSES?
ICH WEIß SCHON, WIE ICH'S HÄTTE MACHEN MÜSSEN, KLARER FALL:

8
JEDEN TAG ZWEI STUNDEN FUßBALLSPIELEN, DAMIT IST NUN SCHLUß, UND DAS EWIGE RUMGEHÄNGE IN DER DISKOTHEK HÖRT MIR AUCH AUF!
ABER ICH WAR EINFACH NICHT IN DER STIMMUNG, LANGE RUMZUQUATSCHEN, WOLLTE MEINE RUHE HABEN, MEINE ZEITUNG WEITERLESEN, NAJA UND DANN HAB ICH'S KURZ GEMACHT.

9
ICH HAB'S MIR ZU LEICHT GEMACHT, KEINE FRAGE, ABER HERRGOTT NOCHMAL...
10
MAN KANN ALS VATER DOCH AUCH NICHT IMMER IN HOCHFORM SEIN

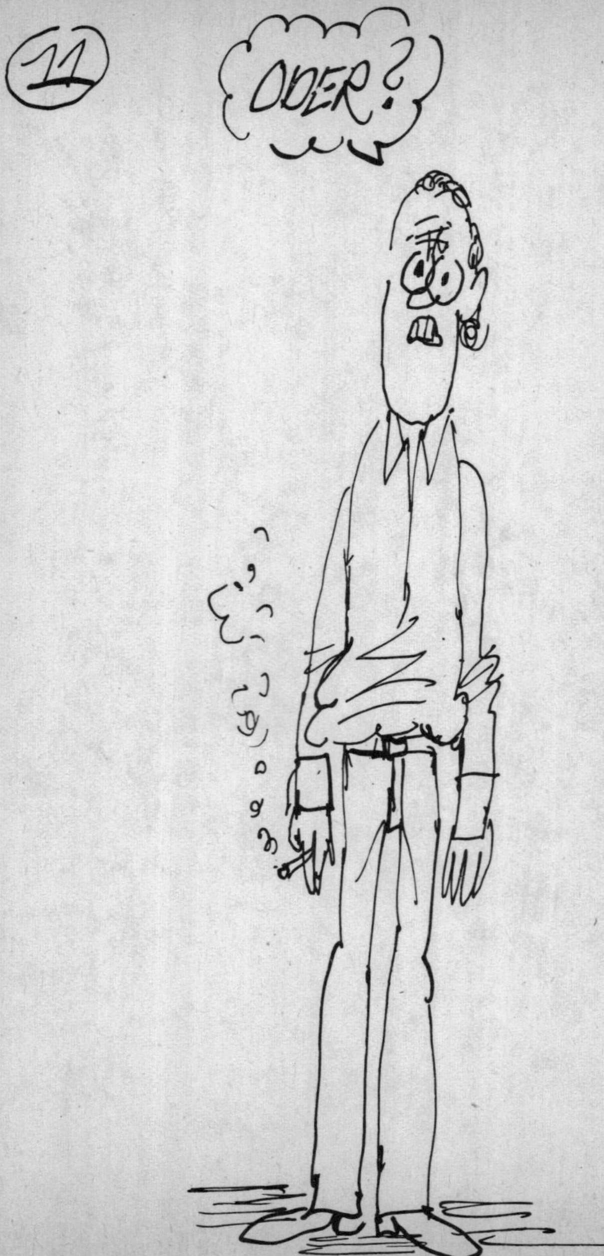
11
ODER?

Tyrann oder Vollidiot

2
WIE OFT SOLL ICH DAS NOCH SAGEN: MICH STÖRT ES NICHT, MAMA, UND ES IST DOCH SCHLIEßLICH MEIN ZIMMER, DU MUßT DOCH NICHT DRIN WOHNEN, ODER?
BEATLES
ASTERIX
MILCH

3
SCHÄMEN MUß MAN SICH JA, WENN PLÖTZLICH BESUCH KOMMT IN DIESEN SAUSTALL!
WIESO MUßT DU DICH SCHÄMEN WEGEN MEINEM ZIMMER? ICH JEDENFALLS SCHÄME MICH NICHT. WEM'S BEI MIR NICHT GEFÄLLT, SOLL BLEIBEN, WO ER WILL.
MILCH
ASTERIX
BEATLES

4
DAS GEHT HIER SCHLIEßLICH UM MEINE BERUFSEHRE ALS HAUSFRAU. SO EIN ZIMMER, WENN DAS JEMAND SIEHT, DER DENKT DOCH, ES SIEHT BEI UNS ÜBERALL SO AUS, WENN ICH DAS DULDE.
UNSINN. SIE WILL MIR IHREN WILLEN AUFZWINGEN, SONST GARNIX, WIE IMMER UND ÜBERALL.
BEATLES
ASTERIX

5
JEDENFALLS KANN ICH DIESE RÄUBER-HÖHLE IN MEINER WOHNUNG NICHT ERTRAGEN UND ICH FINDE, ES IST NICHT ZU VIEL VERLANGT...
OK, GESCHENKT, ICH RÄUM AUF, DU SOLLST DEINEN WILLEN HABEN, ABER JETZT MUß ICH ERST MAL ZUM TRAINING, WENN ICH ZURÜCK BIN
BEATLES
6
JETZT HAB ICH DIE WAHL: ENTWEDER ICH BIN DER BÖSE HERRSCHSÜCHTIGE TYRANN, DER ANDERN SEINEN WILLEN AUFZWINGT...
BEATLES

7
ODER ABER ICH BIN KEIN TYRANN, ABER DAFÜR ZUM HUNDERTTAUSENDSTEN MAL DER VOLL-IDIOT, DER ANDEREN DEN MIST WEG-RÄUMT...

8
DA ICH ABER MIT SICHERHEIT ANNEHME, DAß MEIN HERR SOHN DARAUF SPEKULIERT, DAß ICH DER VOLLIDIOT BIN, ENTSCHLIEßE ICH MICH HIERMIT, LIEBER DER TYRANN ZU SEIN
BEATLES

Traum und Realität

2

WISSENSCHAFTLER HABE ICH IMMER WERDEN WOLLEN. ER HAT ERREICHT, WAS MIR NICHT VERGÖNNT WAR
NUN ÜBERTREIBST DU ABER, PAPA
WUNDER BAR.

3
NOCH EINS, DER HERR?
KLAR, EINS NEHMEN WIR NOCH.

4

Habe gehört, Ihr Sohn hat den Nobelpreis gekriegt. Ist ja fantastisch. Herz-lichen Glückwunsch.
Danke, danke

5
UND WIE FÜR IHN EIN PAAR TAGE SPÄTER DIE REALITÄT AUSSIEHT.
WEIßT DU, ICH HAB ÜBERHAUPT KEINEN BOCK MEHR AUF DIE SCHULE. UND DANACH NOCH'N PAAR JAHRE STUDIEREN – NEE – NIX FÜR MICH. SO EWIG AUF'M HINTERN SITZEN, DAS HALT ICH NICHT AUS.

6
ICH WILL RAUS, AUF ACHSE SEIN, NICHT SESSHAFT. NOCH 'NE SPRACHE LERNEN, ODER ZWEI, UND DANN REISELEITER ZUM BEISPIEL. ODER EXPORTKAUFMANN IM AUSSENDIENST, REPRÄSENTANT ODER SOWAS. SÜDAMERIKA, FERNOST, USA, AFRIKA.

7
JA BIST DU DENN WAHNSINNIG ?!! REISELEITER ?! WAS IST DENN DAS FÜR EIN BERUF? DU HAST DOCH EINE EINS IN CHEMIE, EINE ZWEI IN MATHE. SELBSTVERSTÄNDLICH WIRST DU STUDIEREN, DAS WÄRE JA NOCH SCHÖNER!

REDEST DU NUR. AB 18 KANN ICH JA DOCH MACHEN, WAS ICH WILL.
DA KANN MAN DIR NUN DIE BESTEN AUSBILDUNGSMÖGLICH-KEITEN BIETEN, DIE MAN SELBER NICHT GEHABT HAT, ALLE CHANCEN STEHEN DIR OFFEN – UND DANN: REISELEITER!! KOMMT JA ÜBERHAUPT NICHT IN FRAGE!

9) Und Unter welchen Umständen er es am Abend einsieht

10

11
Möchte ich nicht versäumen, an dieser Stelle meinem Vater zu danken, ohne dessen Ermutigung ich es nie geschafft hätte, diese hohe Auszeichnung des Nobelpreises zu erringen...

12

Ein verpatzter Abend

2
HABEN WIR NICHT NOCH EINE FLASCHE SEKT IM KÜHLSCHRANK?
WAS DENN? SEKT, EINFACH NUR SO?
KLAR, HABEN WIR FRÜHER DOCH AUCH MANCHMAL...

3
WEIßT DU NOCH? FRÜHER HAB' ICH ÖFTER ABENDS AUS DER BETRIEBS-KANTINE MAL EINE FLASCHE SEKT MITGEBRACHT, MANCH-MAL SOGAR ZWEI.
PLOP!
EINMAL WAREN ES SOGAR DREI! UND DIE HABEN WIR HINTEREINANDER WEGGEPUTZT. DANN WAR ICH ALLERDINGS AUCH VOLL WIE HUNDERTTAUSEND MANN.

4
NICHT HINTEREINANDER! WEIßT DU DAS NICHT MEHR? ZWEIMAL HABEN WIR ZWISCHENDURCH MITEINANDER GESCHLAFEN, UND WIE!
UND OB ICH DAS NOCH WEIß! WIR WAREN TOLL IN FAHRT DAMALS → EINMAL AUF DEM SOFA – DAS WAR NOCH DAS GEBLÜMTE – UND EINMAL AUF DEM TEPPICH.

5
DONNERWETTER, JA: AUF DEM TEPPICH! DAS HABEN WIR SCHON EWIG NICHT MEHR GETAN.
UND DEN LETZTEN REST AUS DER PULLE GIEßT DU ÜBER MEINE BRÜSTE WIE DAMALS

6
DA MÜSSEN WIR ABER NOCH EINEN MOMENT WARTEN.
MONIKA IST NOCH NICHT ZU HAUSE UND SIE GUCKT BESTIMMT NOCH MAL NACH UNS, EHE SIE ZU BETT GEHT.
AU VERDAMMT, JA. WANN SOLLTE SIE DENN KOMMEN?
HALB ELF
ALSO IN 10 MINUTEN

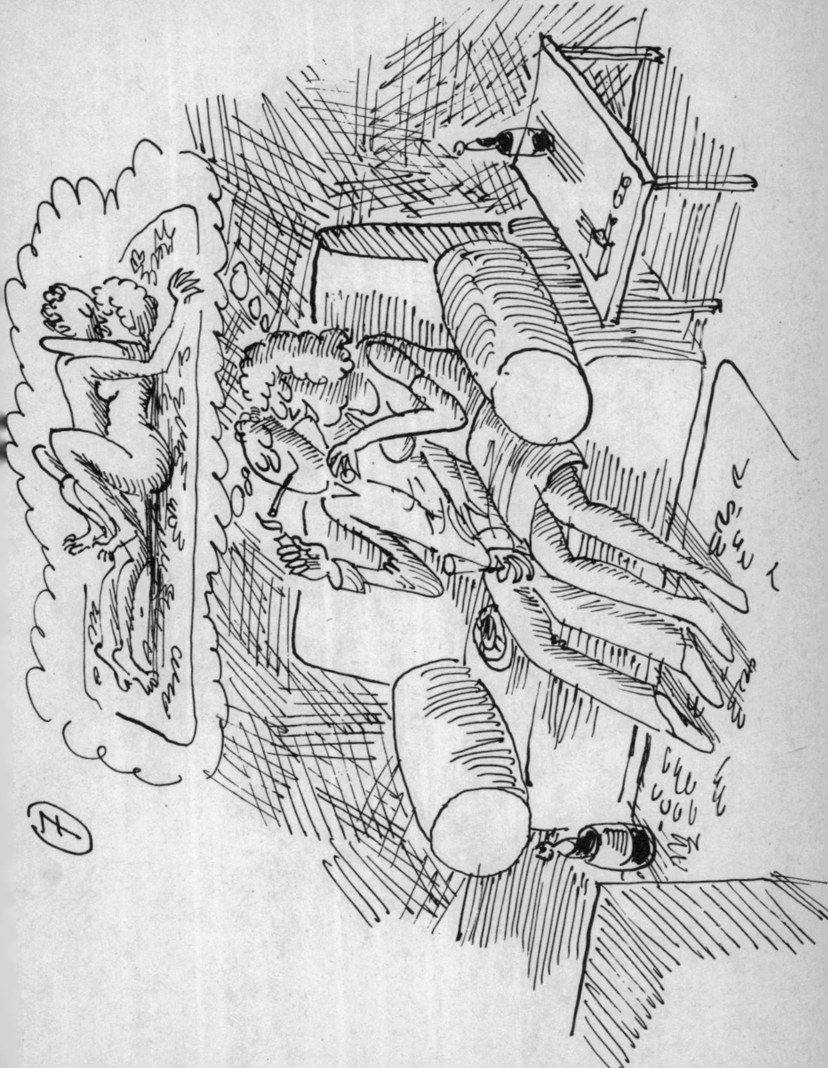

8
SO JETZT HABEN WIR VIERTEL VOR ELF. WO BLEIBT DENN NUN UNSER FRÄULEIN TOCHTER?! VERDAMMT! ICH HABE KEINE LUST, LÄNGER ZU WARTEN.
ICH HABE IHR AUSDRÜCKLICH GESAGT: HALB ELF UND KEINE MINUTE SPÄTER!

9
ICH SEH' SCHON: EIN VERPATZTER ABEND! DAS EINE SAG' ICH DIR, ICH HAB' ES EINFACH SATT, MIR NOCH LÄNGER VON MEINEN KINDERN MEIN SEXUALLEBEN VERSAUEN ZU LASSEN. ES REICHT JETZT. NUN WOLLEN WIR MAL'N PUNKT MACHEN. 17 JAHRE SIND GENUG!

10.
.. ERST DARF MAN'N VIERTEL JAHR NICHT VOR UND NACH DER GEBURT, SPÄTER, WENN MAN GRADE MAL WILL, DANN WOLL'N SIE NICHT EINSCHLAFEN ODER SIE BRÜLLEN OHNE GRUND ODER SIE HABEN DIE WINDELN VOLL. IMMER MUSS MAN WARTEN, BIS SIE IM BETTE SIND, DARF NIE MAL AUSSERHALB DES EHEBETTES, AUF DEM TEPPICH ZUM BEISPIEL. UND IM URLAUB IM ZELT, DA MUSS MAN'S SO KLAMMHEIMLICH UND MUCKSMÄUSCHENSTILLE TUN, DASS MAN ES LIEBER GANZ LÄSST...

11
AN SICH IST MONIKA IMMER PÜNKTLICH. OB DA WAS PASSIERT SEIN KANN?
ACH WAS! EINE UNVERSCHÄMTE RÜCKSICHTSLOSIGKEIT IST DAS UND SONST NICHTS! WAS HAT MAN EIGENTLICH VON DEN GANZEN OPFERN, WAS DENN? WENN ICH DANN NOCH DAZUZÄHLE, WAS KINDER SO KOSTEN...
MIR IST DAS RICHTIG UNHEIMLICH, WO KÖNNTE MAN DENN MAL ANRUFEN?
DU MEINST...?

12
DAS IST EINE GEBURTSTAGSPARTY BEI EINER AUS IHRER KLASSE, SYLVIA, ABER ICH WEIß NICHT, WIE DIE MIT NACHNAMEN... DAß MAN DA MAL ANRUFEN KÖNNTE...
WIRD SIE DENN DA NICHT GEBRACHT? EIN MÄDCHEN UM DIE ZEIT ALLEIN AUF DER STRA-
HORCH MAL, DA KOMMT JEMAND DIE TREPPE HOCH ODER? —NEE, IST SIE NICHT—

13
HÄLLO 'TSCHULDIGUNG, ISSEN BISSELCHEN SPÄTER GEWORDEN, WEIL...

14
FRECHHEIT... AUSDRÜCKLICH GESAGT... NIE WIEDER!!...
HINTER DIE OHREN SCHREIBEN ... UNVERSCHÄMTHEIT...
EIN FÜR ALLE MAL... DAS LAß DIR GESAGT SEIN...
ANDERE SEITEN AUFZIEHEN. DAS WOLLEN
WIR DOCH MAL SEHEN

15
OGOTT, DIE MÜSSEN DOCH KRÜMELN IM HIRN HABEN, WEGEN EINEM HALBEN STÜNDCHEN EINEN SOLCHEN WAHNSINNS-TERROR ABZUZIEHEN!

Wenn ich nochmal auf die Welt komme

2

Was die Mutter später bei einer tasse Kaffee tagträumt.

3
ABER DANN NICHT DIESE BLÖDEN SCHLAMPER-KLEIDER AN-HABEN — NEW LOOK HIESS DAS DAMALS, SONDERN...

4
...KEINEN BH UND EINE DURCHSICHTIGE BLUSE UND SO EINE HAUT-ENGE HOSE – WIE SIE JUNGE FRAUEN HEUTE TRAGEN.
Ooo

5
HABEN SIE MICH VERSTANDEN, HERR KRONSTAEDT?
UND DANN BEISPIELSWEISE CHEFEINKÄUFERIN SEIN IN EINEM MODEHAUS

6
WOLLEN WIR NICHT HEIRATEN, LIEBLING?
ACH SCHATZ, WARUM DENN? SPÄTER EINMAL, VIELLEICHT.
UNABHÄNGIG, FINANZIELL UND AUCH SO, APPARTMENT, KLEINER SPORTWAGEN, WEITE REISEN MIT EINEM LANGJÄHRIGEN FREUND...
OOO

7
JA JA, WENN ICH NOCH MAL AUF DIE WELT KOMME

8
ABER BIS DAHIN MUß ICH WOHL WEITERHIN MUTTI SEIN... (UND MUß ALS SOLCHE UNBEDINGT MAL WIEDER WAS FÜR MEINE FIGUR TUN)

Ein ganz schöner Entwicklungsprozeß

2
DA HAT SICH SCHON EINIGES VERÄNDERT IN DEN LETZTEN ZWANZIG JAHREN.
DAS NIMMSTE WOHL AN. MEIN SOHN KANN DOCH MIT SEINEN 15 JAHREN DINGE LESEN IN JEDER ILLUSTRIERTEN, DIE HAB ICH MIT 25 NOCH NICHT GEWUSST.
NUR EIN BEISPIEL: WER VON UNS KANNTE DENN FRÜHER DEN BEGRIFF ORGASMUS? DAS HAB ICH ZUM ERSTEN MAL GEHÖRT, DA WAREN WIR SCHON LANGE VERHEIRATET.
WIR SIND DOCH AUCH ALLE NICHT RICHTIG VERSTÄNDNISVOLL AUFGEKLÄRT WORDEN. ODER HABEN EUCH EURE ELTERN WAS GESAGT?

3
ALS ES GAR NICHT MEHR ANDERS GING, ALS ICH MEINE ERSTE MENSES HATTE, DA HAT MEINE MUTTER ZU MIR GESAGT…
VERSTÄNDNISVOLL AUFGEKLÄRT? ABER NICHT DIE BOHNE! BEI MIR WAR DAS SO…
GENAU! ALS WIRKLICH NICHTS MEHR ZU VERHEIMLICHEN WAR, DA HAT MEINE MUTTER AUCH, ABER WIE…
DOCH NICHT ALLE AUF EINMAL. ERZÄHL DU ZUERST, PAUL

1 BERICHT
4
ALSO: AUFGEKLÄRT HAT MICH KLAUS WERKER, DER SAß IN DER SCHULE VÖR MIR, UND ZWAR SO:
Mann, det weeßt du nich?? Det is' so: da steckt der Mann sein Ding in die Frau rin und denn kommt et, klar?

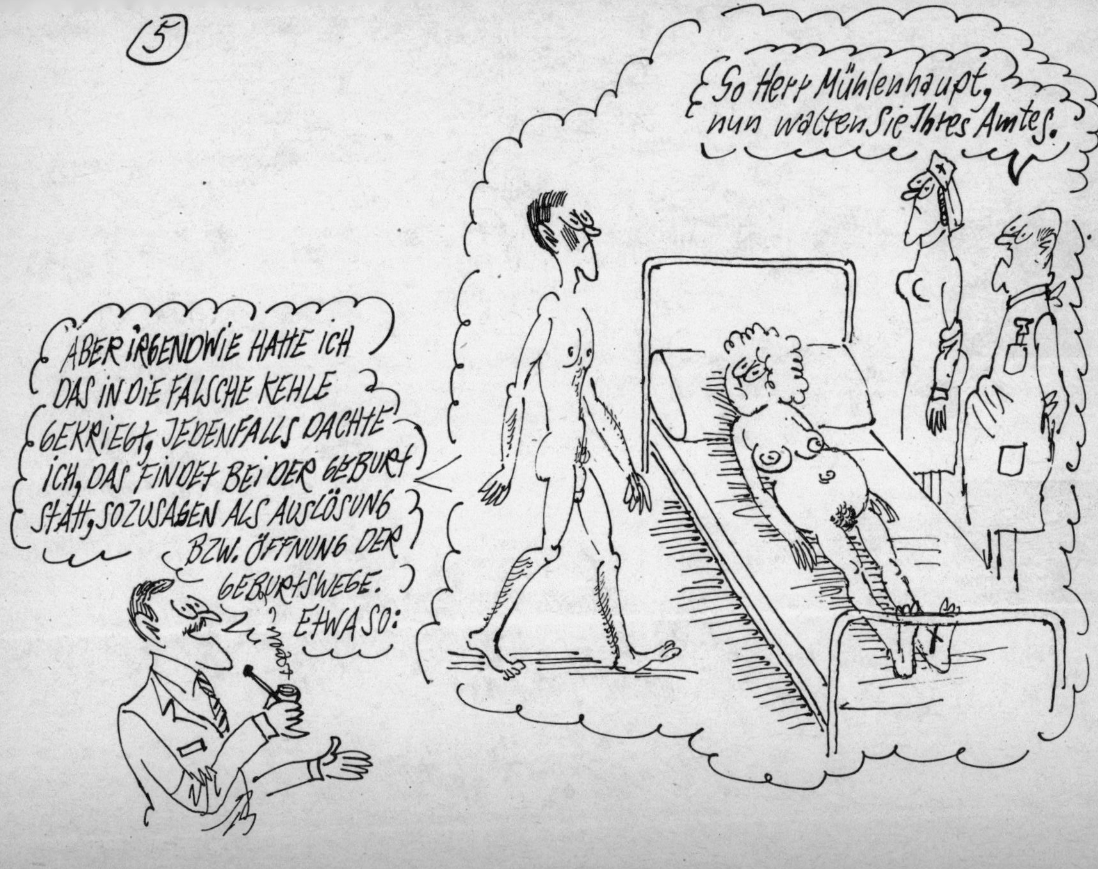
5
ABER IRGENDWIE HATTE ICH DAS IN DIE FALSCHE KEHLE GEKRIEGT, JEDENFALLS DACHTE ICH, DAS FINDET BEI DER GEBURT STATT, SOZUSAGEN ALS AUSLÖSUNG BZW. ÖFFNUNG DER GEBURTSWEGE. ETWA SO:
So Herr Mühlenhaupt, nun walten Sie Ihres Amtes.

6
IHR LACHT, ABER ICH HAB DAMALS GEDACHT: IGITTIGITT, NEE, VOR ALL DEN ÄRZTEN DA, DAS MACH ICH NIE. DANN HAB' ICH EBEN KEINE KINDER. DAS WAR AUF DER OBERSCHULE, ICH WAR DAMALS IMMERHIN MINDESTENS 10 JAHRE ALT, DAS MÜSST IHR MAL BEDENKEN.

7
JCH BIN AUCH IN DER SCHULE EINGEWEIHT WORDEN. DA GINGEN IMMER IM RELIGIONS UNTERRICHT SPICKZETTEL RUM
UND ALS LUTHER AUF DER WARTBURG WAR, WAS HAT ER DA GEMACHT? NA, WER WEISS ES?

8
UND AUF DEN ZETTELN STAND: MOSES 5, 28 ODER SOWAS. UND DA HAT MAN DANN SCHNELL UND HEIMLICH IN DER BIBEL NACHGEBLÄTTERT. DA STAND DANN HURE ODER METZE ODER BEILAGER
RICHTIG, MIT'M TINTENFASS HAT ER GEWORFEN. UND AUF WEN?
AU WEIA, AU WEIA AU WEIA!!

9
WENN MICH EINER GEFRAGT HÄTTE, WAS IST DENN EINE HURE ODER EINE METZE, WÄRE ICH SEHR IN VERLEGENHEIT GEKOMMEN, ABER TROTZDEM, DAS WAR AUFREGENDER ALS ES HEUTE DER SCHÄRFSTE PORNO JE FÜR MEINE TOCHTER SEIN KÖNNTE

3. BERICHT
10
AUS DEN UNMÖGLICHSTEN BÜCHERN MUßTE MAN JA SEHEN, EIN WENIG INFORMATION ZU HOLEN. WIR HATTEN ZU HAUSE EIN NATURHEILKUNDEBUCH, URALT, IRGENDWANN 1890 ODER SO VERLEGT, DAS WAR EINE MEINER QUELLEN UND DA GING'S SCHRECKLICH ZU:
Folgen der ! Selbstbefleckung
Haarausfall
Augenringe
Schwachsinn
Auszehrung
Händezittern
Rückenmarks-schwund
Weiche Knie

11
ÜBER DEN EHELICHEN BEISCHLAF – EINEN ANDEREN GAB'S NATÜRLICH NICHT, KONNTE ICH FAST DAS GLEICHE LESEN: VERHEERENDE FOLGEN, WENN MAN IHN ÖFTER ALS ALLERHÖCHSTENS ZWEI MAL DIE WOCHE BETREIBT. UND WAS ERFUHR ICH SONST NOCH ÜBER SEXUALITÄT? WO MAN HINSAH, SCHLIMME FOLGEN.
Weicher Schanker
Syphilis
ERREGER DES TRIPPER
Spätfolgen 3. Stadium

12
EIGENTLICH EIN WUNDER, DAß MAN UNTER DIESEM BOMBARDEMENT VON ABSCHRECKUNG NICHT AUF LEBENSZEIT IMPOTENT GEWORDEN IST. ZU SCHAFFEN GEMACHT HABEN MIR ALL DIESE EKELBILDER JEDENFALLS
NOCH LANGE

13
JA, ANGST HABEN SIE UNS GEMACHT. DIE AUFKLÄRUNG MEINER MUTTER SAH BEISPIELSWEISE SO AUS:
DAS BLUT BEDEUTET, DAß DU JETZT GANZ, GANZ VORSICHTIG SEIN MUßT, WEIL DU EIN KIND BEKOMMEN KANNST. GANZ, GANZ VORSICHTIG!! DA SAGT DANN EINER, ER HAT DICH LIEB – DAS SAGEN SIE ALLE – VERSTEHST DU, UND ER WILL DICH NUR MAL KÜSSEN UND SO, UND SCHON IST ES PASSIERT.

14
UND WAS WAR DIE FOLGE? ICH HABE WAHNSINNIGE ANGST GEHABT VOR JEDEM KUß, JEDER HARMLOSEN ZÄRTLICHKEIT, HAB MICH GEWEHRT UND GEZIERT. WIE EINE BLÖDE. UND DAS HAT LANGE GEDAUERT, BIS ICH DAS LOSGEWORDEN BIN.

15
UNSERE ERZIEHUNG WAR 19. JAHRHUNDERT IN REINKULTUR
UND DAMIT SIND WIR MIT PAUKEN UND TROMPETEN IN DIE SOGENANNTE SEXUELLE REVOLUTION REINGERASSELT
GANZ SCHÖNER ENTWICKLUNGSPROZEß, DEN WIR DA DURCHGEMACHT HABEN, ODER ETWA NICHT?
ABER SICHER! UND DAS SOLLTE MAN ENDLICH MAL IRGENDWIE HONORIEREN

Pubertätsprobleme

2
MAN KOMMT HALT IN DIE JAHRE. EINFACH NICHT ZU GLAUBEN, DAß ICH SCHON 44 ABGERISSEN HAB. MANCHMAL WUNDERE ICH MICH FURCHTBAR, WIE ALT ICH SCHON BIN. HAB' ICH MIR NIE VORSTELLEN KÖNNEN, MAL SO ALT ZU SEIN. HAB' ICH MIR AUCH NIE VORGESTELLT.

3
WENN MAN 16 IST, IST ES GRADEZU EWIGKEITEN HIN BIS 40. WER STELLT SICH DENN IN DEM ALTER SCHON VOR, WAS IN SO EINEM ALTEN KNOCHEN JENSEITS VON HÖCHSTENS 25 VORGEHT? MEINE KINDER DOCH SELBSTVERSTÄNDLICH AUCH NICHT. WAS WISSEN DIE EIGENTLICH VON MIR?

4
GEGENFRAGE: WAS WEIß
ICH VON JHNEN? ETWAS MEHR
VERMUTLICH. JCH WAR JA
MAL JUNG UND HABE MEINE
ERINNERUNGEN. ABER SIE...?
UND KÖNNTE MAN'S
JHNEN ERKLÄREN, WIE
DAS IST MIT DEM ALTWERDEN?
TSCHA, ABER WIE?
WOLLEN MAL VERSUCHEN.

5
SEHT MAL, MÜßTE MAN SAGEN, DAS KOMMT SO GANZ UNMERKLICH, ERST GEHEN EINEM EIN
BIßCHEN DIE HAARE AUS,
DANN WERDEN DIE AUGEN EIN BIßCHEN SCHWACH,
DANN ZWACKT'S HIER EIN BIßCHEN, DANN ZWACKT'S DA EIN BIßCHEN,
DANN KANN MAN DAS GEWICHT NICHT MEHR HALTEN,
JEDENFALLS, IRGEND-WAS STIMMT PLÖTZLICH IMMER NICHT.

6
ZUM BEISPIEL DIESER DRUCK IM MAGEN SEIT EIN PAAR TAGEN. WENN DAS NICHT AUFHÖRT, MUß ICH WIEDER MAL ZUM ARZT. VORHER HAB ICH NATÜRLICH ANGST. KANN SEIN, DAß ER SAGT:
NICHT DER REDE WERT. NERVÖSE STÖRUNGEN SONST NICHTS. STREß MEIDEN, MEIN LIEBER
VIELLEICHT ABER SAGT ER AUCH:
DAS GEFÄLLT MIR ABER GARNICHT. MÜSSEN WIR MAL GRÜNDLICH UNTER-SUCHEN. KOMMEN SIE MORGEN FRÜH NÜCHTERN...

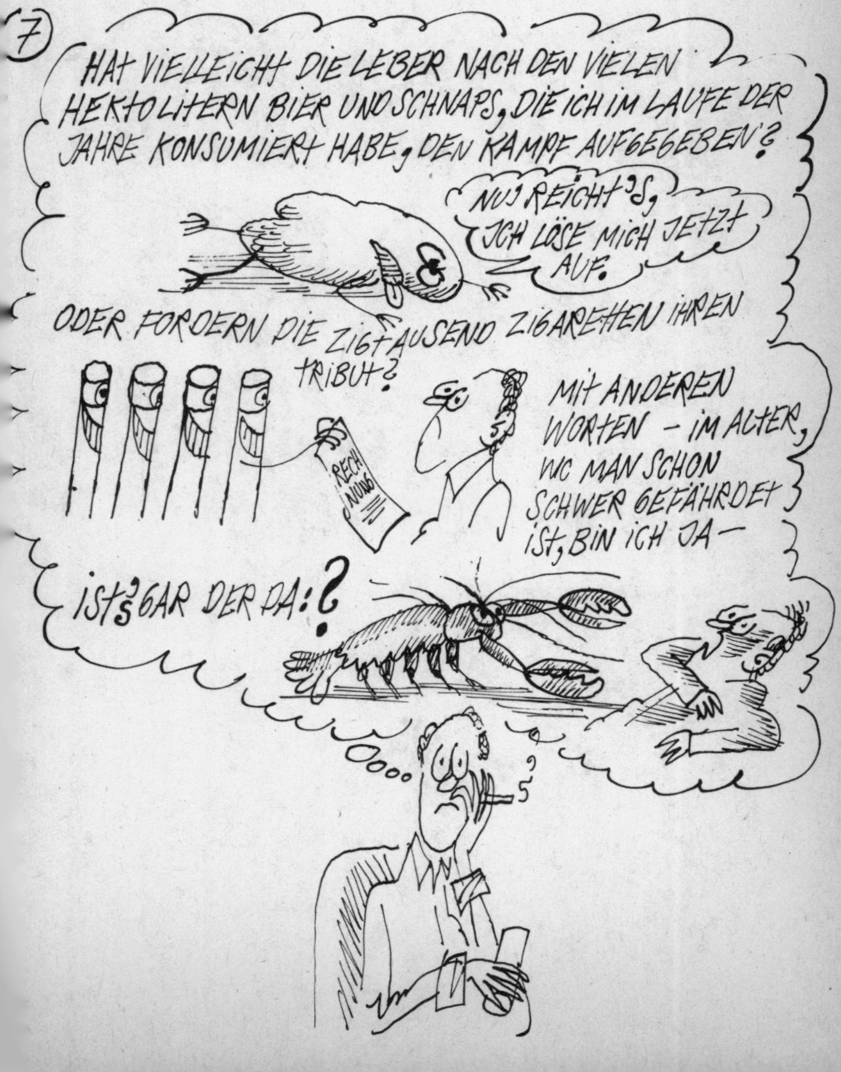

7
HAT VIELLEICHT DIE LEBER NACH DEN VIELEN HEKTOLITERN BIER UND SCHNAPS, DIE ICH IM LAUFE DER JAHRE KONSUMIERT HABE, DEN KAMPF AUFGEGEBEN?
NU, REICHT'S, ICH LÖSE MICH JETZT AUF.
ODER FORDERN DIE ZIGTAUSEND ZIGARETTEN IHREN TRIBUT?
RECHNUNG
MIT ANDEREN WORTEN – IM ALTER, WO MAN SCHON SCHWER GEFÄHRDET IST, BIN ICH JA –
IST'S GAR DER DA:?
OOOO

8
SOVIEL ÜBER DIE KÖRPERLICHE ABNUTZUNG. ABER DAS IST JA NUR EIN ASPEKT, DENN DA GIBT'S JA AUCH NOCH DIE SEELISCHE ABNUTZUNG. UND DA HABEN WIR SCHON WIEDER SO EINE SCHEIßE: ANSTATT, DAß DIE SEELE IM LAUFE DER JAHRE EINE HORNHAUT KRIEGT – NEE, PUSTEKUCHEN – IM GEGENTEIL, SIE WIRD IMMER DÜNNHÄUTIGER. DIE HUNDERTTAUSENDSTE ENTTÄUSCHUNG KANN UNTER UMSTÄNDEN HÄRTER TREFFEN ALS DIE TAUSENDSTE

(9)
BEISPIELSWEISE IM BETRIEB:
...SEH'N SE MAL, DAß WIR HERRN KRÜGER ZUM LEITER DES AUßENDIENSTES ERNANNT HABEN UND NICHT SIE, HAT ÜBERHAUPT NICHTS MIT JHREN FÄHIGKEITEN ZU TUN, DIE WIR SEIT JAHREN KENNEN UND SCHÄTZEN – ÜBERHAUPT NICHTS – NUR DER AUßENDIENST, DIE VIELEN REISEN UND SO, DIE MOBILITÄT, HERR KRÜGER IST IMMERHIN 10 JAHRE JÜNGER...

10
DAS IST DANN DIE GROßE STUNDE DER RESIGNATION
HAB ICH'S NICHT IMMER GESAGT? HAT DOCH ALLES KEINEN ZWECK. GIB'S AUF JUNGE!

11
UND DANN KOMMT DER HÄTTSTEMAL
HÄTTSTEMAL DAMALS NICH' GLEICH GEHEIRAT' DANN WÄR ALLES ANDERS...
UND DANN DER WÄRSTEMAL
WÄRSTMAL DAMALS LIEBER AUF DIE SCHAUSPIELSCHULE GEGANGEN, DANN WÄRSTE JETZT...

12
UNTER DIESEN UMSTÄNDEN IST'S LUSTIG ZU LEBEN. UND DAS IST NATÜRLICH NOCH NICHT ALLES, ALTWERDEN BEDEUTET AUCH: DIE ERKENNTNIS, WIEVIEL UNWIEDERBRINGLICH IST! DIE ERFAHRUNG, WIE EINGEFAHREN MAN IST, WIE LETZTLICH UNVERÄNDERBAR. ES BEDEUTET STÄNDIGER (VERGEBLICHER) KAMPF GEGEN'S STARR WERDEN, GEGEN'S NACHLASSEN DER SPONTANITÄT, UND, UND, UND...

13
„EIGENTLICH EIN ÄHNLICHER ZUSTAND WIE DIE PUBERTÄT. MAN MUSS DAS ALTWERDEN LERNEN WIE SEINERZEIT DAS ERWACHSENWERDEN. MIT DEN GLEICHEN BEGLEIT-ERSCHEINUNGEN: STIMMUNGS-WECHSEL, DEPRESSIONEN, REIZBARKEIT, AGGRESSIVITÄT. DAS MÜSSTEN DIE KINDER DOCH GUT VERSTEHEN, DIE SIND DOCH BEIDE NOCH SCHWER AM PUBER-TIEREN.“

14
UM GOTTES WILLEN! KEIN WORT WERDE ICH SAGEN. BRAUCHEN DIE GAR NICHT ZU WISSEN, IN WAS FÜR EINEM TOLLHAUS SIE AUFWACHSEN: DIE GANZE FAMILIE IN DER PUBERTÄT!!

Über die Undankbarkeit

VORSPIEL 2

ÜBRIGENS PAPS, MIT MIR BRAUCHT IHR IN DEN FERIEN NICHT ZU RECHNEN. DAS MITTELMEER STEHT MIR BIS HIER! ENTWEDER ICH GEH' MIT 'NER FREUNDIN TRAMPEN, ODER ICH SUCH MIR 'N JOB.

3
WENN MAN MIR IN DEM ALTER EINE SOLCHE URLAUBSREISE GEBOTEN HÄTTE, ICH WÄRE AN DIE DECKE GESPRUNGEN VOR FREUDE. UND DIE ?!? „DAS MITTELMEER GEHT MIR BIS HIER" „DA HAB ICH ÄÄCHT KEINEN BOCK DRAUF"!

4
NA GUT!
MEINETWEGEN!
SPAR ICH VIEL GELD BEI,
BITTESCHÖN, GESCHENKT,
UND WENIGER ÄRGER
IM URLAUB HAB ICH GANZ
SICHER AUCH!

5
ABER SICHER, SO IST ES DOCH: WIR SPAREN VIEL GELD UND NERVEN. SO EINEN RICHTIG GERUCHSAMEN URLAUB WERDEN WIR ZWEI UNS MACHEN. IST DOCH EIN GRUND ZUR FREUDE, WEIß WIRKLICH NICHT, WARUM DU DICH DA ÄRGERST

6
WENN ICH MIR'S RECHT ÜBERLEGE, HAST DU NATÜRLICH VÖLLIG RECHT.

7
ABER NEIN! FREUEN TU ICH MICH, WENN WIR ALLEIN AN DER ADRIA SIND. BIS DAHIN ÄRGERE ICH MICH MAẞLOS ÜBER DIESE GEMEINE UNDANKBARKEIT

(8) GESAGT, GETAN:
AM SELBEN ABEND

(9)
DU KANNST DOCH NICHT DAVON AUSGEHEN, WIE WIR ALS KINDER UND JUGENDLICHE GELEBT HABEN. FÜR DIE KINDER HEUTE SIND EBEN VERREISEN UND HOHER LEBENSSTANDARD SELBSTVERSTÄNDLICH. DAS HABEN UND DAS TUN ALLE, WARUM SOLLEN SIE DAFÜR DENN DANKBAR SEIN? DAS KANNST DU WIRKLICH NICHT VERLANGEN

10
DAS WEIß ICH NATÜRLICH, DAß MAN KEINE DANKBARKEIT VERLANGEN KANN. VON KINDERN DANKBARKEIT ZU VERLANGEN IST IMMER SCHEIßE. ICH VERLANGE JA AUCH GAR KEINE. ICH WÜRDE MICH NUR WAHNSINNIG DARÜBER FREUEN.
ALLES KLAR?

Ein Vorbild kommt ins Wanken

(2)

NA WAS DENN? VON WEGEN VORBILD UND SO. ENTWEDER ODER.
JETZT MUß ICH VERDAMMT GUT ARGUMENTIEREN, SONST STEH' ICH BLÖD DA.
DIE SACHE IST DOCH GANZ EINFACH

3
NUN BIN ICH ABER MAL GESPANNT, WAS ER JETZT VERZAPFT.
ALS ICH MIR'S ANGEWÖHNT HABE, DA WUßTE MAN NOCH NICHT, WIE GEFÄHRLICH RAUCHEN IST, SEIT MAN ES ABER WEIß, IST ES DOCH EINFACH UNVERANTWORTLICH UND GRADEZU TOTAL BEKLOPPT, SICH NOCH VOM NIKOTIN ABHÄNGIG ZU MACHEN.

4
GANZ SCHÖN RAFFINIERT
HEUTE WÜRDE ICH ES MIR AUF KEINEN FALL MEHR ANGEWÖHNEN UND DESHALB DULDE ICH AUCH NICHT, DAß IHR ES TUT.
DAS MÜßTE EIGENTLICH ÜBERZEUGEN.

5
DIE FRAGE BLEIBT, WARUM DU ES DIR NICHT ABGEWÖHNST, JETZT, WO DU DOCH WEIßT, WIE SCHÄDLICH ES IST. AUCH VON WEGEN VORBILD UND SO. WÄRE JEDENFALLS ÜBERZEUGENDER
DIE FRAGE MUßTE JA KOMMEN. JETZT WIRD'S ABER EKLIG.

6
HERRGOTT, WENN DAS SO EINFACH WÄRE – DAS IST ES JA EBEN MIT DEM NIKOTIN – DIE ABHÄNGIGKEIT UND SO – DESWEGEN SAGE ICH JA, LAßT DIE FINGER DAVON...
ALSO ER WILL WEITER-RAUCHEN
JETZT KOMMT ER INS SCHWIMMEN

7
DER VATER VON MEINER FREUNDIN SYLVIA HAT AUCH AUFGE HÖRT.
ABER UNMÖGLICH IST ES DOCH NICHT? IST EINE FRAGE DES WILLENS, ODER?
VERDAMMT! WAS MACH ICH NUN?

8
IMMER DASSELBE
NAJA SICHER DOCH. WAR JA AUCH NICHT ANDERS ZU ERWARTEN
NUN REICHT'S MIR ABER! DAS MÜßT IHR SCHON MIR ÜBERLASSEN, OB ICH AUFHÖRE ZU RAUCHEN ODER NICHT, GEFÄLLIGST, NICHTWAHR.

9
WAR NATÜRLICH DIE DENKBAR BLÖDESTE LÖSUNG. ABER VERDIMMICH NOCHMAL, ICH HAB WIRKLICH KEINE LUST, MIR DAS RAUCHEN ABZUGEWÖHNEN
10
WAS HÄTTE DENN MEIN VATER GEMACHT? EIN PAAR HINTER DIE LÖFFEL, WENN ER MICH MIT 'NER ZIGARETTE ERWISCHT HÄTTE, UND DABEI MUNTER 'NE DICKE BRASIL IM MUND.

11
EINE BEGRÜNDUNG FÜR DAS VERBOT? EINE DISKUSSION? EIN SCHLECHTES GEWISSEN ETWA GAR. WEGEN DER BRASIL IM MUND??? NA, WAS DENN? DAS HÄTTE ABER NOCH GEFEHLT.
12
HABEN ES SICH VERDAMMT LEICHT GEMACHT DIE JUNGS DAMALS. ABER ANDERS GESEHEN: HÄTTE DAS NICHT NOCH EINE GENERATION SO BLEIBEN KÖNNEN, WO'S DOCH JAHRTAUSENDELANG SO WAR?

13
WARUM MUß AUSGERECHNET JETZT, WO ICH LEBE – NACH SO LANGER ZEIT – DIE AUTORITÄT DER ELTERN DAUERND IN FRAGE GESTELLT WERDEN? WARUM?

14
KURZUM, WAS BLEIBT? ICH MUß ES MIR ABGEWÖHNEN ODER IN MEINER EIGENEN WOHNUNG DARF ICH NUR NOCH HEIMLICH RAUCHEN.
NEH, WIRKLICH NEH.

Über den Streß

2
TUT MIR LEID, ECHT, ICH KANN AUF DEINE GEFÜHLE KEINE RÜCKSICHT NEHMEN, DIESER ELENDE LEISTUNGSDRUCK NIMMT MICH SO MIT, ICH MUß DA DAUERND RAN DENKEN.
NANA, NUN ÜBERTREIB' MAL NICHT!
DU HAST GUT REDEN. WAS WIßT DENN IHR!? EURE SCHULZEIT, DAS WAR DOCH EIN GEMÜTLICHES ZUCKERLECKEN GEGEN HEUTE.

3

NA, NUN HÖRT'S ABER AUF!
HABT IHR VIELLEICHT 'NE AHNUNG!
HAT'S BEI EUCH ETWA 'N NUMERUS CLAUSUS GEGEBEN?
ODER 'N ABI-DURCHSCHNITT? ABI WAR ABI, WIE MIES AUCH IMMER
UND LEHRSTELLEN GAB'S AUCH GENUG
ALLES ZUGEGEBEN

4
ABER DAFÜR GAB'S JEDE MENGE GANZ ANDEREN STRESS. UND DAS WAR GANZ SELBSTVERSTÄNDLICH, DARÜBER REDETE NIE JEMAND, UND DAS WORT STRESS GAB'S NATÜRLICH AUCH NOCH NICHT.
UND NICHT ZU KNAPP

5

MEINE ERSTEN SCHULJAHRE, DAS WAR NOCH IN DER NAZIZEIT IM KRIEG. WAR DAS ETWA KEIN STREß, FAST JEDE NACHT AUS DEM BESTEN SCHLAF GERISSEN ZU WERDEN, SICH IN WINDESEILE ANZIEHEN ZU MÜSSEN,
ZUM LUFTSCHUTZRAUM
UM SO SCHNELL WIE MÖGLICH IN DEN KELLER ZU KOMMEN?

6
WIR HATTEN AUCH ANGST VOR MATHEARBEITEN, ABER WAS WAR DIESE ANGST GEGEN DIE ANDERE! DIE ANGST VOR DEN BOMBEN, DEN LUFTMINEN, DEN WOHNBLOCK-KNACKERN!
Wenn man sie pfeifen hört ist's nicht schlimm, Voll-treffer hört man nicht.
Lieber Gott, gib, daß wir wenigstens nicht verschüttet werden! Jch will auch gerne dafür 55 Mathearbeiten schreiben.
NOT-DURCHBRUCH
GASSCHLEUSE

7
ABER DA WAR JA NICHT NUR DER BOMBENSTREß UND DER SCHULSTREß, DENN DEN HATTEN WIR NATÜRLICH AUCH, UNS WURDE DA BEILEIBE NIX GESCHENKT, UND DANN GAB'S JA AUCH NOCH DIE HITLERJUGEND. AUCH'N MÄCHTIGER STREß. 2 MAL IN DER WOCHE „DIENST." SO:
Wie stehst du denn überhaupt da, du lächerlicher Unpimpf?! Wie'n Häufchen feuchte Vogelkacke! Wiederholen!
Ich lächerlicher Unpimpf steh' da wie'n Häufchen feuchte Vogelkacke!
Ich höre nichts! Lauter!

8
DAS WAR IM KRIEG, ABER DANACH GING'S JA WEITER. DA GING DAS GROßE HUNGERN LOS. EIN STREß, GEGEN DEN EURE WEHWEH'CHEN HEUTE DOCH RECHT LÄCHERLICH WIRKEN. NUR EIN BEISPIEL:
DA GAB'S SO EIN ZEUG, DAS HIEß SCHLAGCREME, EIN AUS MELASSE GEWONNENER, UNDEFINIERBAR SCHMECKENDER SCHAUM, DER EINEM FÜR EINIGE MINUTEN – BIS DAS ZEUG IM MAGEN WIEDER GESCHMOLZEN WAR – DAS GEFÜHL DES SATTSEINS SCHENKTE. ICH BIN EINE STUNDE WEIT GELAUFEN, UM DAS ZEUG ZU KAUFEN. WENN ICH HEIMKAM, WAR ICH VON DEM WEITEN FUß-MARSCH STETS HUNGRIGER DENN JE.

9
ICH HAB WEIHNACHTEN 46 EIN BROT GESCHENKT GEKRIEGT, EIN FANTASTISCHES IRRSINNSGESCHENK, DAS MEINE ELTERN EIN VERMÖGEN GEKOSTET HAT
UND DANN WOLLEN WIR DIE KÄLTE NICHT VERGESSEN. SO SIND WIR DAMALS INS BETT GEGANGEN
DENN WIR HATTEN MINUS-TEMPERATUREN IN DER WOHNUNG

10
DAS ALLES SOLL NICHT HEIßEN, DAß WIR BESTREITEN, DAß IHR PROBLEME UND SCHWIERIGKEITEN HABT...
...ES SOLL NUR ERKLÄREN, WARUM UNS MANCHMAL DAS RECHTE VERSTÄNDNIS FEHLT, FÜR EURE BEREDTEN KLAGEN ÜBER EURE MIESE SITUATION...
...WENN WIR EUER LEBEN MIT DEM VERGLEICHEN, DAS WIR IN EUERM ALTER FÜHREN MUßTEN.

11
DAS MÜßTE DOCH EIGENTLICH IRGENDWIE ÜBERZEUGT HABEN, WAS MEINST DU?
SOLLTE MAN MEINEN, DOCH
P
WENN DU WÜßTEST, WIE MICH DIESE KRIEGSHELDEN-GESCHICHTEN ANÖDEN!
ODER MICH, MANN! ODER MICH!

12
DA FÄLLT MIR ÜBRIGENS NOCH EIN STREß EIN, DER UNS VIEL VERGÄLLT HAT UND UNTER DEM IHR NIE ZU LEIDEN BRAUCHT: EMPFÄNGNIS-VERHÜTUNG. HEUTE IST ES FÜR JEDEN JUNGEN SELBSTVERSTÄNDLICH, DAß SEINE FREUNDIN DIE PILLE NIMMT. DAMIT IST ER VOLL AUS DEM SCHNEIDER. WAS WAR DAS DAGEGEN FRÜHER FÜR UNS FÜR EIN EWIGES ANGSTGESCHÄFT!

13
DENN WAS GAB ES FÜR MÖGLICHKEITEN?
DAMALS, ALS WIR IN EUERM ALTER WAREN, HATTEN
JA AUCH DIE HERREN KNAUS & OGINO IHRE EMPFÄNG-
NISFREIEN TAGE NOCH NICHT ENTDECKT. ES GAB
ALSO BLOß DIESE EKLIGEN PRÄSERVATIVE – VON
WESENTLICH SCHLECHTERER QUALITÄT ALS HEUTE
NATÜRLICH – UND, NAJA, EBEN DEN UNERFREULICHEN
INTERRUPTUS

14
EKLIG, UNERFREULICH UND VOR ALLEM UNSICHER, VERDAMMT UNSICHER. WAS WAR DIE FOLGE?
Sei um Himmelswillen vorsichtig! Ich hab so eine schreckliche Angst.
Unsinn, ich paß schon auf.
Paß bloß auf, Junge, am besten, ich zieh ihn schon raus beim allerersten Anzeichen
Ogottogott, wenn das mal gut geht.

15
ABER TROTZ ALLER LUSTTÖTENDER VORSICHT, DIE ANGST HINTERHER BLIEB.
STÄNDIG HATTEN MANN UND FRAU DAMALS DAS JEWEILS ENTSCHEIDENDE DATUM IM KOPF.
UND IN SCHÖNER REGELMÄSSIGKEIT GING ES ALLE 3, 4 MONATE SO:
5. MAI
Heute ist doch Stichtag?
Naja, wird schon noch kommen
6. MAI
Waas noch niicht?!
Was soll ich denn machen!
7. MAI
Noch nix??! Du mußt sofort heiße Fußbäder... und Rotwein, viel warmen Rotwein trinken

16
ZUGEGEBEN:
ES WAR IN
DEN MEISTEN
FÄLLEN FALSCHER
ALARM.
ABER IMMERHIN,
ES WAR EIN ÄUßERST
EKLIGER STREß, DEN
IHR NIE KENNEN WERDET.
WOLLT ICH NUR MAL AB-
SCHLIEßEND GESAGT
HABEN.

Kopf und Bauch

2
Sie ist 17,
Nimmt die Pille,
und da ist es mir schon
lieber, sie tut's hier
als auf irgend'ner
Parkbank oder
sonstwo

3
ALLES ZUGEGEBEN, BESSER HIER ALS WOANDERS, KLAR, HAB' AUCH NICHT VERGESSEN, WIE WIR UNS HABEN RUMDRÜCKEN MÜSSEN IM WALD UND AUF DER HEIDE UND WAS DAS FÜR'N SCHEIß WAR...

4
UND SELBSTVERSTÄNDLICH, WAS KANN ICH MIR MEHR WÜNSCHEN, ALS DAß MEINE TOCHTER GLÜCKLICH IST, UND DAS GRÖßTE GLÜCK KOMMT BEKANNTLICH AUS'M SEX...

5
UND ICH FINDE DEN JUNGEN JA AUCH NETT, WIRKLICH, DAS IST ES ALLES NICHT.
SONDERN?

6
JCH KRIEGE KOPF UND BAUCH NICHT ZUSAMMEN. ALLES WAS ICH EBEN GESAGT HABE KOMMT AUS'N KOPF

7
AUS'M BAUCH ABER KOMMT: WIEBITTE?! WAS BILDET DIESER HERGELAUFENE BURSCHE SICH EIGENTLICH EIN?! IN MEINEN EIGENEN VIER WÄNDEN MEINE EIGENE TOCHTER VÖGELN??!! DEM WERDE ICH WAS LEHREN!

8
LAß DEN KOPF SIEGEN
NATÜRLICH, WILL ICH JA - ODER NEIN, WEIßT DU WAS?

9
ICH LAß SIE BEIDE SIEGEN: KOMM, WIR VÖGELN AUCH.

Zack Zack und dann spuren die

2
DEINE WOHLBEMERKT, DAS IST DOCH NUN WIRKLICH NICHT ZU VIEL VERLANGT. ABER NEIN! NIX GESCHIEHT! DIE WÄSCHE LIEGT IMMER NOCH DA!
ÄH MAMA, KOMM, NERV MICH DOCH NICHT SCHON WIEDER MIT DEM SCHEIß. DAZU MUß ICH LUST HABEN, DANN MACH ICH DAS SCHON.

3
LUST HABEN! LUST HABEN! ICH FINDE DAS SOO TRAURIG! NUN ERTEILT MAN SCHON KEINE BEFEHLE, VERSUCHT MIT VERNUNFT UND SOZUSAGEN VON GLEICHEM ZU GLEICHEM MITEINANDER AUSZUKOMMEN, WAS NATÜRLICH VERTRAUEN VORAUSSETZT UND GUTEN WILLEN...

4
ABER WAS GESCHIEHT?! AUSGENUTZT WIRD DAS! IMMER UND IMMER WIRD MAN ENTTÄUSCHT. ANSCHEINEND GEHT ES WIRKLICH NICHT OHNE DIE FAUST IM NACKEN. TRAURIG IST DAS, SEHR TRAURIG.
MACH DOCH DA JETZT KEIN DRAMA DRAUS AUS SO'NEM HAUFEN BLÖDER BÜGELWÄSCHE, ECHT MAMA, DAS BRINGT'S DOCH NUN WIRKLICH NICHT.

5
DAS IST HIER WAS GRUNDSÄTZLICHES, NÄMLICH, UND NICHT BLOß EIN HAUFEN BÜGELWÄSCHE.
IMMER MUß MAN SICH GRÜN UND BLAU ÄRGERN! ICH WÜNSCH MIR BLOß EINES …

6
...DAẞ ICH SO ALT WERDE, UM NOCH ZU ERLEBEN, WENN DU GROẞE KINDER HAST. DA SETZ' ICH MICH HIN ALS OMA UND SEH' MIR AN, WIE DU'S ZURÜCKKRIEGST VON DEINEN GÖREN UND FEIX MIR EINS, DAS KANNSTE MIR GLAUBEN.

7
FEHLANZEIGE, MAMA, WENN ICH MAL KINDER HAB, ANTIAUTORITÄR UND SO'N KACK IST BEI MIR NICHT DRIN. DA BIN ICH EISKALT, ECHT, ZACK, ZACK GEHT DAS UND DANN SPUREN DIE

8
WAS'N NU' LOS?
SAGT KEIN TON
MEHR UND RENNT
EINFACH RAUS.
WAR VIELLEICHT'N
BIßCHEN GEMEIN
VON MIR, ODER?

9
MENSCH MAMA, WAS IS' DENN?

10
DEINEN STANDPUNKT FINDE ICH EKELHAFT. ZACK, ZACK UND DANN SPUREN DIE – NEE! AUCH WENN ICH ENTTÄUSCHT BIN, SEHR ENTTÄUSCHT, BIN ICH DOCH FROH, DAß WIR EUCH SO NIE BEHANDELT HABEN.

11
HAT IRGENDWIE WAS MIT MENSCHENWÜRDE ZU TUN, DENKE ICH.
GRATULIERE MAMA: EINS ZU NULL FÜR DICH.

Humor

Gerhard Branstner
Der Esel als Amtmann oder Das Tier ist auch nur ein Mensch
Fabeln. Mit Zeichnungen von Hans Ticha
Bd. 2425

Art Buchwald
Art Buchwalds beste Geschichten
Bd. 1943

Laßt euch bloß nicht unterkriegen
Bd. 1564

Irvings größte Wonne
Die umworbenste Katze der Welt. Ein satirischer Roman
Bd. 2439

Dieter Lattmann (Hrsg.)
Das Anekdotenbuch
unter Mitarbeit von Siegfrid Radszuweit
Rund 4000 Anekdoten von Adenauer bis Zatopek
Bd. 2445

Ostfriesenwitze
gesammelt von Eibe Krögersen
Zeichnungen: W. Hartung
Bd. 1793

Radio Eriwan antwortet
Ratschläge, Vorschläge und Tiefschläge eines armenischen Senders.
Hrsg.: Michael Schiff
Mit Illustrationen
Bd. 1298

Neues von Radio Eriwan
Hrsg.: Wolfgang W. Parth / Michael Schiff.
Mit Illustrationen von Ivan Steiger
Bd. 1299

Radio Eriwans Nachtprogramm
Hrsg.: Michael Schiff
Bd. 1529

Radio Eriwans Auslandsprogramm
Hrsg.: Wolfgang Michael
Bd. 1572

Humor

Baron Graf Bobby
Mucki, Poldi
86mal in Wort und Bild
Hrsg.: S. Grill/M. Bertina
Bd. 1753

Ephraim Kishon
Kein Öl, Moses?
Bd. 1795

Leo Leonhard
Leben & Traum mit Schellenfusz
Eine Bildgeschichte
Bd. 1854

Vera Möller
Klein Erna
Ganz dumme Hamburger Geschichten
Bd. 1859

Wolf Schenk
Bayrische Witze
Durchgehend illustriert
Bd. 1999

Sächsische Witze
Bd. 2405

Der Spatz hat 'ne Meise
Die schönsten Tierwitze
Bd. 2438

Walter Sittig
Da krümmt sich die Linse
Fotos wider den tierischen Ernst
Bd. 2429

Tünnes und Schäl-Witze
Mit Illustrationen
Bd. 1725

Karl Valentin
Riesenblödsinn
Eine Auswahl aus dem Werk
Bd. 1606

Annemarie Weber
Sitte und Sünde
Erotischer Ratgeber aus den letzten 100 Jahren
Ausgegraben und vorgestellt von Annemarie Weber
Mit Illustrationen von Stano Kochan
Bd. 2461

Fischer Taschenbücher

Pat Mallet
Die kleinen grünen Männchen
Sehr irdische Entdeckungen und Eroberungen kleiner neugieriger Ungeheuer vom Mars
Bd. 1856

Nobert
Kinder, Kunst und Katastrophen
Cartoons
Bd. 1868

G. Pasteur
Giftzahn, Grips und Guillotine
Cartoons
Bd. 1867

Chlodwig Poth
Elternalltag
Bd. 2441
Mit diesen satirisch-pädagogischen Strips für Eltern und Kinder bringt Poth unsere vertrackten Widersprüche auf die schlagende, humorvolle und lehrreiche Pointe.

Harald Sattler
Wie das Leben so spielt
Cartoons
Bd. 1851

Yrrah
Das Buch der bösen Bilder
Cartoons
Bd. 2415

Fischer Taschenbücher